AF226972

L 27/11
22469

NOTICE BIOGRAPHIQUE

DU

DR J. LE COEUR

PAR

LE D^r Ch. FAYEL-DESLONGRAIS

MEMBRE ASSOCIÉ-RÉSIDANT DE L'ACADÉMIE DES SCIENCES, ARTS
ET BELLES-LETTRES DE CAEN, PROFESSEUR SUPPLÉANT
A L'ÉCOLE DE MÉDECINE, ETC., ETC.

CAEN

F. LE BLANC-HARDEL, IMPRIMEUR-LIBRAIRE
Rue Froide, 2

1866

NOTICE BIOGRAPHIQUE

DU

DR J. LE COEUR

PAR

LE D^r CH. FAYEL-DESLONGRAIS

MEMBRE ASSOCIÉ-RÉSIDANT DE L'ACADÉMIE DES SCIENCES, ARTS
ET BELLES-LETTRES DE CAEN, PROFESSEUR SUPPLÉANT
A L'ÉCOLE DE MÉDECINE, ETC., ETC.

CAEN

F. LE BLANC-HARDEL, IMPRIMEUR-LIBRAIRE
Rue Froide, 2

—

1866

NOTICE BIOGRAPHIQUE

DU

DR J. LE COEUR.

Lue à l'Académie impériale des Sciences, Arts et Belles-Lettres de Caen ,
dans la séance du 23 mars 1866.

> Si l'on osait être sage, des discours de ce genre
> seraient d'une utilité bien plus grande encore ;
> car, également éloignés de la flatterie et de la
> satire, ils seraient la leçon de ceux dont un jour
> on doit faire l'oraison funèbre..... Méthode qui
> consiste à faire plutôt le précis de la vie d'un
> homme que son éloge ; à ne le louer que par les
> faits ; à raconter sans emphase les services qu'il
> a rendus ; à laisser voir sans malignité les fai-
> blesses inséparables de la nature humaine ; à
> ne chercher , enfin, pour toute éloquence que
> des vérités utiles.
>
> VOLTAIRE (Éloge funèbre de Louis XV, pro-
> noncé dans une académie le 25 mai 1774).

MESSIEURS ,

Le 23 février dernier, vous avez perdu un collègue
pour qui l'existence eût pu être constamment heu-
reuse, si l'indépendance de son caractère eût été
à la hauteur de son dévouement, si son énergie
morale eût répondu à son intelligence, si enfin,
jeune, riche, instruit, habile, il eût compté sur

les satisfactions intimes d'une conscience honnête, plus que sur les décevantes illusions de la gratitude administrative ou de la reconnaissance publique.

J'ai nommé le docteur Le Cœur, dont vous m'avez confié la biographie, jaloux, — en cédant à l'un de ses derniers vœux, d'honorer une fois encore un confrère dont les souhaits les plus chers ont été, par d'autres, aussi peu respectés après sa mort qu'exaucés durant sa vie.

Cette faveur me rend plus lourde la tâche que j'ai à remplir ; car si la figure du médecin savant, du citoyen dévoué, se détache en pleine lumière, il y a bien quelques ombres au tableau que je ne saurais, que je ne dois pas vous cacher. Et j'ai peur, en vous les montrant, de paraître ingrat envers celui qui toujours m'a témoigné une vive affection. C'était en m'appuyant sur elle, que j'ai pu bien souvent lui reprocher ses défauts ; c'est en comptant sur votre bienveillance , Messieurs, que j'aurai la force de ne pas écrire un panégyrique, sachant me rappeler à propos que « les louanges exagé- « rées nuisent à celui qui les donne, sans relever « celui qui les reçoit. »

Né à Caen, le 26 septembre 1808, l'année même où était fondée dans notre ville l'École de médecine, dont il devait plus tard devenir un des professeurs les plus instruits, M. Le Cœur (Jules-Jean-Baptiste) fit ses études au Collége royal de Caen. Il les terminait à 18 ans et, le 1er août 1827, se faisait recevoir bachelier ès-lettres ; le 5 juillet suivant, il était bachelier ès-sciences.

Dans l'intervalle, il avait commencé sa médecine,

bien résolu à y chercher une position honorable plutôt qu'un état, — dans lequel, s'il est juste que le médecin, comme le prêtre, vive de l'autel, c'est à la condition qu'il vivra comme le prêtre, sans offenser le Dieu du temple. —Il débutait heureusement dans la carrière. Pour lui : la possibilité des longues études, le bien-être dans le travail, comme plus tard ce sera la liberté de la pratique, le loisir d'attendre, de choisir même sa clientèle. Pour lui : aucune de ces privations qui, si quelquefois elles retrempent le courage du néophyte moins fortuné, le plus souvent font qu'il se presse d'en finir, et ne travaillant que pour s'affranchir d'examens peu rigoureux, se dépêche de s'en débarrasser au plus vite.

Ne soyons donc pas étonnés de voir le jeune Le Cœur, élève encore de la Faculté de Paris au commencement de 1834. Ce ne fut, en effet, que le 23 janvier de cette année qu'il soutint sa thèse de chirurgie, après avoir passé celle de médecine le 7 décembre 1833, obtenant à chacune de ces deux épreuves, — comme du reste à presque tous ses examens antérieurs, — les notes les plus élevées. Il s'était hâté lentement, mais il terminait brillamment ses études par l'obtention du double diplôme de docteur en médecine et de docteur en chirurgie. Et aujourd'hui que des liens indissolubles unissent ces deux branches de l'art de guérir, que leurs priviléges sont égaux, qu'elles ne se disputent plus une vaine suprématie, le fait est assez rare pour qu'on le remarque.

Était-ce de sa part une vaine gloriole, légitimée d'ailleurs par un surcroît de labeur? Je ne le pense pas. Incertain encore sur la route à suivre, Le Cœur voulait, en revenant dans sa ville. se trouver libre de choisir. Il ne se doutait pas que son droit de signer—D. M. C. P. allait devenir une épigramme entre les mains de ceux qui, selon l'expression de Gregory : « faisant métier de la médecine, ont un intérêt distinct et séparé de l'honneur de l'art. » *Non est invidia supra medicorum invidiam !* Il ne devait que trop tôt s'en apercevoir.

Interne des hôpitaux de Caen, élève studieux de notre École, Le Cœur avait quitté en 1829 ce noviciat fécond, mais insuffisant, pour se rendre à Paris. Et si vous voulez, Messieurs, vous reporter à cette époque agitée, où politique, philosophie, littérature, médecine. tout en France était bouleversé, vous serez peut-être surpris de le voir rester le calme et impassible spectateur de la tourmente. C'est que pour lui, et ce sera, bonne ou mauvaise, la devise de toute sa vie, la multiplicité des connaissances nécessaires au médecin, l'exercice de sa profession, ses rapports avec la société, le soin de sa réputation, tout lui défend de prendre part aux orages de la politique et aux luttes de parti. D'autres que lui veilleront aux destins du monde, et, conciliant facilement l'amour de son pays avec un respect profond pour tout gouvernement établi, s'il ne peut se défendre de sentir vivement les malheurs de sa patrie et de s'indigner contre tout ce qui en compromet l'honneur, il ne demandera qu'une chose au Pouvoir : l'occasion de le servir et de mériter, à force de savoir et de zèle. la récompense qu'il ambitionnera toute sa vie.

Voilà comme, laissant de côté les théories sociale et religieuses de l'époque, Le Cœur continua paisiblement à s'instruire. Aussi le retrouvons-nous non-seulement dévoué — c'est dans sa nature, — mais savant quand le choléra vient pour la première fois envahir la capitale. Il était alors externe en chirurgie, attaché au service de Dupuytren, en dehors par conséquent de la sphère militante et libre de s'y maintenir.

Mais les temps sont loin de nous où Galien et le grand Sydenham lui-même s'éloignaient prudemment de leurs cités en proie à des maladies pestilentielles, et où le célèbre Ambr. Paré posait pour condition à Charles IX de ne jamais exiger de lui « de se montrer en une bataille au combat. » De nos jours, comme l'a si bien dit M. le Recteur sur la tombe non encore fermée de notre confrère, « lorsqu'un fléau mystérieux, inévitable, s'abat sur une province, sur une ville, des hommes se lèvent pleins d'assurance et tout armés pour la lutte…..C'est un héroïsme qui ne connaît pas d'âge. Le médecin éprouvé par une longue pratique, le jeune étudiant qui a devant lui tout son avenir, sont là sur la même brèche, sans ostentation, sans chercher les regards, uniquement parce qu'ils ont le pur sentiment de leur devoir, parce qu'un noble cœur bat dans leur poitrine. »

Le Cœur était de ce nombre. Aussitôt attaché à l'ambulance du quartier du jardin du Roi, l'un des plus maltraités, il y consacre jour et nuit, du 2 avril au 15 juin, tout le temps que ne réclame pas son service de l'Hôtel-Dieu. Aussi, quand le mal a disparu, et que l'État reconnaissant veut honorer le corps des Étudiants par une récompense due à tous, mais qu'il ne peut accorder qu'aux *primi inter pares*, est-il un des premiers à recevoir une médaille d'honneur dont le brevet porte : « M. Le Cœur a fait preuve de zèle, de désintéressement et surtout de beaucoup d'instruction. »

Notez ces deux mots, Messieurs, car ils nous montrent la dernière face sous laquelle je veux envisager l'élève, avant de vous parler du médecin. En effet, Le Cœur n'était déjà pas un inconnu dans la foule. Dès 1831, au mois de juin, il avait publié un Mémoire sur l'emploi de la Gélatine animale comme aliment. C'était le résultat d'expériences sur lui-même et il avait eu l'honneur de voir ses conclusions adoptées par l'Académie des Sciences. Laborieux autant que dévoué, il s'empressa en 1832 de rédiger à la hâte les notes que chaque soir il prenait sur l'épidémie et dès la fin de mai, il publiait une brochure de 48 pages sur le choléra. Ce second travail de notre infatigable confrère n'est pas sans valeur aujourd'hui encore ; il en avait une surtout à l'époque où il fut écrit, spécialement au point de vue de l'histoire future de cette redoutable maladie.

N'avais-je pas raison d'insister un peu sur ces lointains détails, indices non trompeurs de ce que devait être le praticien qui, dans le courant de l'année 1834, laissant derrière lui des amis désolés de le voir renoncer aux succès futurs qui les attendaient ensemble, vint s'installer parmi nous et demander à ses compatriotes une confiance dont il était digne par son savoir et son désintéressement ?

Voici donc Le Cœur en face de son juge obligé, sinon naturel ; — et le plus souvent d'une incompétence radicale ! Heureusement, il savait que si le

médecin s'impose pour première loi de plaire toujours au public, il est perdu pour la science ; car il
n'aura désormais d'autre mobile que de flatter et
d'amadouer la sottise et les préjugés ; car il sera
forcé de spéculer sur le *vulgus vult decipi*, et il ne
tardera pas à capituler avec sa conscience en se
disant, avec Gui-Patin : *Decipiatur ! nam volenti et
patienti non fit injuria.* — La clientèle ne se fit pas
attendre, et quelques familles bien posées adoptèrent
notre jeune médecin, qui peu de temps après son
arrivée se maria, répétant avec Haller et Sabatier,
à l'encontre de Treyling et d'Hoffmann : « qu'il n'est
pas bon que l'homme soit seul, et qu'une femme
et des enfants peuvent parfaitement se concilier avec
l'amour de l'étude. »

Le 18 avril 1838, il était attaché à l'École de
médecine de Caen, en qualité de professeur adjoint
de pathologie interne. Il remplit cette place non
rétribuée jusqu'en novembre 1841, époque à laquelle
il devint chef des travaux anatomiques. En 1846,
nommé officier de l'Université, il était chargé du
cours de matière médicale, chaire dont il devint
titulaire le 17 juin 1853 et qu'il occupait à sa mort.
Bientôt je vous dirai quel fut son enseignement ;
permettez-moi, en ce moment, de vous signaler un
détail peu connu et qui l'honore. Pendant sept ans,
il abandonna intégralement ses émoluments de
professeur, comme pension de retraite, au directeur
honoraire de l'École, vieillard dans une position
de fortune malheureuse. Puis, comme l'École
manquait de collections, il prit sur ses propres
deniers plus d'une année de son traitement futur

pour en former une nécessaire aux besoins du cours. Il le pouvait ! Je le veux bien : faisons-nous donc toujours ce que nous pouvons, même ce que nous devons ?

Le 27 décembre 1839, il avait été nommé médecin du Bureau de bienfaisance. Il ne m'appartient pas de dire ce qu'est la médecine du pauvre; ce que je sais, c'est que Le Cœur avait compris cette belle phrase de Pichler, qui la résume : *Immensum nobis aperit medicina campum ad exercendum in proximos amorem.* — Le 29 octobre 1847, l'Administration l'en récompensa en le faisant premier chirurgien-adjoint des Hôpitaux. — Trois ans auparavant, le 17 décembre 1844, il avait été appelé à la conservation du dépôt de vaccin pour le département du Calvados. — Et si je les rapproche, c'est que de ces deux nominations date un changement presque absolu dans la carrière de Le Cœur.

Jusqu'alors il avait, indifféremment, exercé les diverses branches de l'art de guérir. Dorénavant il n'en réservera que deux : l'hygiène et la chirurgie; et s'il continue à professer la thérapeutique, c'est qu'il espère pouvoir bientôt permuter contre une chaire de clinique chirurgicale. La preuve, c'est qu'en 1856, à la réorganisation de notre École de médecine, pour ne pas compromettre ses droits de premier chirurgien-adjoint consacrés par dix années d'exercice, il acceptera la position inférieure de professeur-adjoint de clinique externe, position qu'il eût conservée, si, à la suite d'une série de petites misères et de froissements que je me garderai de rappeler ici, il n'eût craint de tout perdre en ne reprenant pas bien vite sa place de professeur titulaire le 14 mai 1857.

Il avait eu tort de la quitter ; il eut tort de la
redemander. Que n'acceptait-il les propositions qui
lui étaient faites par un haut dignitaire de l'Université ? Mais il était trop timoré, et cette hésitation
funeste qu'il mit souvent dans ses actes les plus
importants, ces défaillances continuelles qu'il mon-
tra dans la poursuite du but désiré, n'aboutirent
qu'à lui créer une position fausse, semée d'écueils
où venaient se heurter sa probité professionnelle et
échouer la sérénité de son âme honnête.

Il en retira pour tout avantage d'être mieux
apprécié de l'Administration militaire, qui lui confia
la mission assez pénible de remplacer à deux reprises
différentes, pendant la guerre de Crimée et celle
d'Italie, le médecin-major du régiment dans le
service de santé de la garnison de la place de Caen.
Il est vrai qu'il y trouva bientôt l'occasion d'y dé-
ployer à la fois son zèle et son savoir. En effet,
une épidémie fort grave de variole et de scarlatine
vint sévir sur les jeunes soldats nouvellement incor-
porés au 41ᵉ de ligne. Ce fut une lutte de tous les
instants pour conjurer le mal, et arrêter son déve-
loppement par des précautions hygiéniques, des
soins médicaux, des revaccinations quotidiennes.
Pendant tout ce temps, Le Cœur dut à peu près
renoncer d'une manière absolue à une clientèle
lucrative pour faire face aux exigences d'un service
qu'à l'état normal, l'État juge assez lourd pour y
commettre un chirurgien par bataillon.—Or, le temps
marche, les hommes changent, les administrateurs
sont remplacés par d'autres qui ignorent les bienfaits
rendus ; et, comme de pareilles occasions de remplir

un labeur aussi exceptionnel se représentent rarement deux fois dans la vie d'un médecin, tout cela
tombe dans le domaine de l'oubli. — C'est une façon
comme une autre d'acquitter bien des dettes, et c'est
à recommencer toujours !

Eh bien ! Messieurs, ce l'était déjà sur un autre
théâtre, et la santé publique était devenue, pour
Le Cœur, un sujet incessant de recherches et de travaux dont tout-à-l'heure je vous entretiendrai quand
je l'aurai suivi avec vous dans les diverses places
qui lui permirent d'en recueillir les matériaux.

En 1849, il avait été appelé au conseil d'hygiène,
dont il sera bientôt le secrétaire patient et autorisé.
— En 1851, il remplaçait M. Le Sauvage, dans la
Commission sanitaire de la navigation du quartier
d'inscription maritime de Caen. — Deux ans après, il
faisait partie du jury établi au port de notre ville,
à l'effet de vérifier les titres des chirurgiens qui se
présentent pour être employés sur les navires du
commerce, et d'examiner les coffres de médicaments
et d'instruments qu'on y doit embarquer. — En même
temps, il était chargé de visiter les marins appelés
au service de l'État, et, comme son prédécesseur, il
renonçait bénévolement à la rétribution d'usage.
Or, pour être volontairement gratuites, ces fonctions
étaient loin d'être une sinécure. Je vous en laisse
juges : pendant la guerre de Crimée, c'est-à-dire
pendant deux ans au moins, la levée étant perma-
nente, plus de 4,000 hommes furent soumis à son
examen, et cette corvée se renouvela en 1859 à
l'occasion de la guerre d'Italie.

Il ne me reste plus à vous dire que, récemment

nommé membre de la Commission académique d'hygiène près l'Académie impériale de Caen, et depuis trois ans délégué de l'Association générale de prévoyance des médecins de France, il avait obtenu, le 19 juin 1854, le titre qu'il convoitait peut-être le plus, celui de médecin des épidémies. Il en remplissait les fonctions onéreuses depuis sept ans, au lieu et place du titulaire empêché par son grand âge.

Tel est, Messieurs, le bilan des charges remplies par Le Cœur. Elles lui rapportaient à peine 2,000 fr., dont 1,500, comme professeur et depuis 12 ans seulement. En revanche,—et pardonnez-moi cette puérilité qui a son importance,—en supposant chacune de ces fonctions occupées par autant d'individus distincts et faisant un total des années incombant à l'exercice de chacune d'elles, nous pouvons les formuler ainsi : 123 années de services, dont plus de 100 sont absorbées par des fonctions absolument gratuites.

Et voilà comme Le Cœur est devenu pour beaucoup de gens un coureur de places, un véritable type d'accapareur. Est-il donc bien juste et bien loyal, quand on jouit de fonctions lucratives, de ridiculiser l'homme qui se contente de fonctions honorifiques, et lequel de ses détracteurs, parmi nous, se résignerait à si minces prétentions ? J'en conviens et j'aurai malheureusement l'occasion d'y revenir, notre confrère prêtait le flanc à la critique de plus d'un côté. Il aimait les honneurs, il était enclin à répéter avec le poète :

O Renommée, ô puissante Déesse,
Par charité, parlez un peu de nous :

et comme il croyait que les places l'y condui-
raient, il les recherchait. Qui donc n'en demande
pas aujourd'hui? Heureux quand, pour les obtenir, on
ne fait pas le sacrifice de sa dignité ou de son indépendance ! Mais si, un peu comme tout le monde, il se
sentait apte à les remplir toutes, de préférence, il
sollicitait celles qui pouvaient servir à ses études
d'hygiène et de chirurgie.

D'ailleurs, ces fonctions publiques qu'on lui a
tant reprochées, — sinon enviées, — étaient-elles
si nombreuses qu'on l'a bien voulu dire? Vous
les connaissez, Messieurs, et en tous cas vous savez
qu'elles n'étaient pas créées pour lui, s'ajoutant à
d'autres non moins largement dotées et également
fondées pour satisfaire des besoins croissants et des
désirs insatiables. Libre de son temps, détestant les
faiseurs et jusqu'à son dernier souffle les flétrissant
de sa verve caustique ; inhabile, alors même que
sa conscience ne le lui eût pas défendu, à courir la
clientèle; assez riche pour se payer des honneurs
gratuits et les réclamant non pour s'en parer, mais
pour accomplir les devoirs qui y étaient attachés,
il aimait à se consacrer à ces œuvres utiles et non
rétribuées, dans lesquelles sa soif de travail trouvait
une jouissance légitime — et son ambition, si vous
le voulez, une espérance qui devait être déçue.

Est-ce à dire qu'il n'en tirait pas vanité? Non,
Messieurs, il aimait à s'en enorgueillir. C'était un de
ses défauts, j'en conviens; mais faut-il donc l'en
critiquer si fort? Et si un jour, cédant à un sentiment d'amour-propre froissé, voyant chaque année
lui échapper la récompense qu'il ne devait pas avoir, il

lui a plu de détailler complaisamment, sur son dernier
opuscule, les titres de toute sorte qu'il avait acquis
par son activité, sa science et son courage ; n'en
avait-il pas le droit ? N'était-ce pas, de sa part, une
juste protestation contre l'indifférence dont il souf-
frait ? Il voulait que ses confrères, que ses amis de
Paris, que les Sociétés savantes dont il faisait partie,
voyant ce qu'il était, s'étonnassent de n'y pas trouver la suprême distinction que quatre ministères
avaient inutilement fait miroiter à ses yeux.

Plaignons, j'y consens, l'homme qui attache une
si grande importance à ce glorieux hochet ; mais
respectons le savant qui pour l'obtenir a lutté toute
sa vie et a consacré toute son énergie à soulager ses
semblables, à éclairer l'Administration, et regrettons
que tant de services divers n'aient pu paraître suffi-
sants pour attacher la croix d'honneur sur une
poitrine qui l'avait conquise quand tant d'autres ne
font que la recevoir. La cité tout entière, qui connaissait son dévouement de toute heure et son iné-
branlable bonne volonté, eût applaudi à cet acte de
justice. Malheureusement, comme l'a si bien dit
M. Le Prestre, « celui qui sème ne récolte pas toujours, et l'athlète vigoureux est parti avec l'oubli
des hommes. »

Consolons-nous, Messieurs, car son nom restera
gravé dans le livre de Sapience.

En effet, peu d'hommes en province, ont autant
écrit, autant publié que Le Cœur. « Pionnier infatigable de la science, investigateur persévérant et
tenace, son ardeur et son zèle ne connurent pas de
limites : toujours sur la brèche, il se prodiguait ;

à un travail succédait un autre travail. Des fatigues de la vie extérieure, il se reposait dans les recherches plus recueillies du cabinet. Un sujet était-il épuisé que sa plume fiévreuse et tourmentée posait les jalons d'un nouvel écrit. Esprit énergique, il représentait bien, par la rapide succession de ses œuvres, l'indomptable volonté dont la nature l'avait doué. »

C'est ainsi qu'après son Mémoire sur l'emploi de la gélatine animale comme aliment (juin 1831), son Précis sur le choléra (mai 1832), sa thèse sur l'Éclampsie (décembre 1833), et ses Propositions de chirurgie pratique pour sa thèse de janvier 1834, Le Cœur a successivement publié :

En juin 1846, son Traité sur les bains de mer ;

En août 1846, son Mémoire sur l'Asphyxie par submersion ;

En janvier 1847, un Mémoire sur les Convulsions de l'enfance ;

En septembre 1849, un Mémoire sur divers points de thérapeutique relatifs à l'Hydrothérapie ;

En janvier 1856, un Opuscule sur les secours aux noyés ;

En février 1857, ses Études sur la rage ;

En avril 1860, une Notice sur le danger des eaux malsaines ;

En juillet 1860, ses Études sur l'intoxication alcoolique ;

En juin 1863, ses Études sur les effets thérapeutiques des eaux de la mer ;

En novembre 1864, son Mémoire sur les pansements à l'aide de l'alcool et des teintures alcooliques.

Ajoutez à cela une foule d'articles divers, d'observations, de lettres médicales sur plusieurs points relatifs à l'art de guérir, adressés à des Sociétés savantes ou consignés *passim* dans nos recueils scientifiques — et je citerai : plusieurs articles sur le choléra et son traitement par la noix vomique ; sur l'innocuité du virus vaccin recueilli chez un sujet atteint d'affection contagieuse ; sur un nouveau mode expéditif de traitement de la gale (qui , par parenthèse signalé par Trousseau dans son traité de thérapeutique, est attribué par lui au docteur Cœur, de Caen, sans particule)—; ajoutez surtout de nombreux mémoires très-complets sur la topographie médicale des communes de l'arrondissement de Caen , telles que : Clinchamps-sur-Orne , May-sur-Orne , Mathieu , Luc-sur-Mer, Lion , Langrune , Bernières , Cabourg , Dives et autres points du littoral où ont à plusieurs reprises sévi le choléra, des fièvres typhoïdes, des fièves paludéennes, etc., etc. ; —joignez-y enfin ses rapports annuels sur le service de la vaccine,—voire même un Rapport à l'Empereur sur divers points médicaux relatifs au recrutement de l'armée, et vous aurez un aperçu, incomplet encore, de cette fécondité que le public médical ne saurait trop applaudir et que plusieurs Sociétés savantes ont, à plusieurs reprises, récompensée comme elle le méritait.

C'est qu'en effet, ses rapports, remarquables par les aperçus scientifiques et les considérations hygiéniques qui s'en dégagent, l'étaient spécialement par l'intelligente et minutieuse observation des faits , par leur relation méthodique et précise. C'étaient *des modèles,* disait il y a quelques mois la Commission de l'Académie de médecine, et leur valeur intrinsèque ne le cédait qu'à leur scrupuleuse véracité. Aussi pouvait-on leur appliquer l'aphorisme qu'il a mis en tête de son dernier opuscule : *Scripsi quia vidi,*—et, en les signant, ne craignit-il jamais de voir son nom compromis par la nécessité d'une rétractation publique ou privée.

Rien d'étonnant, du reste ! car, toute sa vie, il fut l'incarnation de l'ordre et de l'exactitude. Qualités précieuses que je ne saurais passer sous silence et qui rendaient son concours si utile dans les fonctions de secrétaire, soit au Conseil d'hygiène, soit à la Société départementale de vaccine, soit à la Commission d'enquête sur le choléra de 1849, et grâce auxquelles, conservateur du dépôt de vaccin, il a eu l'honneur de mettre ce service sur un pied qui pourra être atteint, mais qui ne sera jamais dépassé. N'est-ce pas à elles enfin qu'il a dû en grande partie la réputation qu'il s'est faite, comme médecin des épidémies ?

Je dis : en grande partie, car sur ce terrain qui était le sien par excellence, il était en même temps un type d'abnégation ; et ardent à affronter le péril, autant qu'habile à le décrire après l'avoir combattu ; fort de son instruction complétée par le temps, il redevenait à ces instants critiques l'étudiant de 1832 avec sa fougue et son courage. Vous l'avez vu à l'œuvre, Messieurs, habitants de notre ville, en 1849 et en 1854, et en vous souvenant des services rendus, votre sympathique estime lui a prouvé qu'on peut quelquefois compter sur la reconnaissance. Ce fut, en effet, peu de mois après cette dernière épreuve que d'associé résidant de votre Compagnie, vous fîtes Le Cœur académicien titulaire.

Mais n'anticipons pas et arrêtons-nous quelques instants à ces travaux dont je viens de vous faire l'énumération succincte.

Messieurs, il existe encore de par le monde un préjugé que la malignité confraternelle — deux mots qui ne devraient jamais se trouver ensemble — ne manque pas d'entretenir et d'aviver avec plus ou moins d'adresse, en employant au besoin certaines expressions très-commodes et que vous avez peut-être répétées vous-mêmes : — X. est un médecin de cabinet..... il ne se livre qu'à la médecine spéculative..... il n'est bon que sur le papier. Ou bien on s'imagine que, lorsqu'on écrit, quand on s'avise de mettre la plume à la main, notamment sur certains sujets, on devient impropre à l'exercice de l'art ; ou encore que, manquant de malades, on s'amuse à faire des ouvrages, à publier des livres. Aujourd'hui, on veut être exclusivement praticien ; on se glorifie de ce titre, et l'on a grandement raison ; n'est-ce pas le but de chacun de nous ? Mais, une fois acquis, faut-il s'enfermer strictement et à jamais dans les calculs d'une pratique plus ou moins vulgaire ; passer, sans fin, d'un malade à un autre ; laisser rouiller, encroûter son intelligence ?

C'était ce qu'avait évité Le Cœur, tout en se heurtant contre ce préjugé qui n'est pas nouveau, et dont avait souffert le grand Harvey, quand il se plaignait que sa clientèle avait diminué depuis la publication de ses écrits, parce que ses confrères, ardents coureurs des rues de Londres, répandaient le bruit « qu'il n'était qu'un disséqueur de grenouilles, de lapins et de serpents. » Ces sottes épigrammes n'ont pas manqué à Le Cœur.—Puis est venue la critique, non pas la critique impartiale et honnête, qui, signalant les erreurs, les inexactitudes d'un livre, respecte toujours l'auteur et se défend avec autant de soin de la prévention et de la haine, que de l'amitié et de l'estime, mais cette critique basse et méchante, sortie d'imprimeries clandestines où les auteurs anonymes de pamphlets injurieux croyaient trouver l'impunité. Et ils l'ont trouvée, Messieurs, parce que Le Cœur a refusé de les poursuivre; car il a connu quelques-uns de ses insulteurs, il en a découvert les éditeurs. Mais il a gardé le silence, sachant bien qu'un esprit supérieur montre plus de grandeur d'âme à dédaigner une offense qu'à s'en venger.

Et maintenant examinerai-je devant vous ses travaux ? Non, Messieurs. Ce serait dépasser les bornes d'une notice biographique, ce serait surtout assumer une responsabilité inutile en portant sur eux un jugement qui s'est formulé, à maintes reprises, sous des plumes plus autorisées que la mienne; je ne veux qu'appeler rapidement votre attention sur la *manière*, comme on dit, de l'auteur. Cela vous expliquera peut-être les incorrections, quelquefois le manque de méthode, souvent le vice de plan général qu'on rencontre dans ses œuvres.

Il y a quelques jours, dans une autre enceinte, un jeune et brillant académicien s'attendrissait à la vue de son illustre prédécesseur, poursuivant ses

lectures à travers les rues de la capitale et conduit
loin de son but par le mouvement pressé de la foule.
Gardez, de ce tableau, le crayon à la main et substi-
tuez à la grammaire orientale d'Ampère, un simple
cahier de notes, et vous aurez, à ce point de vue
spécial, une image assez exacte de notre confrère,
s'arrêtant souvent pour y consigner, à la dérobée,
quelque idée nouvellement éclose dont il fera son
profit plus tard. En tous cas, cela vous fera mieux
comprendre une partie des défauts que je signalais
tout-à-l'heure et qui se résument dans un manque
de cohésion, dans un manque d'unité scientifique.

Puis, permettez-moi de le dire, le caractère de
Le Cœur le poussait à un travers que sa loyauté seule
peut compenser. De ses lectures nombreuses — il
était abonné à tous les journaux de médecine et il
les lisait assidûment — de ses réflexions continues
sur des sujets divers, résultait, dans son esprit, une
foule de réminiscences qui, s'ajoutant à des con-
ceptions personnelles, le trouvaient toujours prêt
à confier au papier le résumé de ses études sur ce
qui, en hygiène ou en chirurgie, devenait une ac-
tualité pour le public médical. Et comme il réservait
à ses ordres, dans ses cartons, une masse de notes,
d'observations, il n'avait que l'embarras du choix
pour édifier rapidement le livre, l'opuscule ou le
mémoire qu'il s'empressait de lancer, avide de
prendre date dans la science, oubliant, chaque fois
et toujours, le reproche adressé par un ancien à
ceux qui comme lui *cruda adhuc studia in forum portant.*

Pour ne citer qu'un exemple, et il est frappant,
c'est de cette façon qu'a paru son dernier ouvrage

sur les pansements alcooliques. Chercheur, avant
tout — il tenait beaucoup à ce titre, — Le Cœur avait,
depuis longtemps, entrevu les avantages que la chirurgie retirerait de ce retour tardif aux préceptes de
nos plus vieux maîtres. Depuis plusieurs années, il
s'occupait de cette importante réforme et, à l'hôpital
comme en ville, il amassait chaque jour de nouveaux
matériaux, se proposant bien de les publier, mais
seulement quand ces faits bien classés, bien étudiés
et vus sous toutes leurs faces, lui auraient permis de
conclure. Tout à coup paraît le mémoire de M. Ba-
thailhé, suivi presque immédiatement des articles de
M. Chedevergne et de la thèse de M. de Gauljac. Et
voilà vite Le Cœur à l'œuvre, tremblant que sa publication n'arrive trop tard.

Mais, si je viens de critiquer la légèreté de l'auteur,
permettez-moi de revendiquer en sa faveur le mérite
d'une conception féconde en aperçus nouveaux, en
indications précieuses, aujourd'hui déjà tombées dans
le domaine chirurgical ; permettez-moi, surtout, de
vous rappeler sa probité scientifique. Elle éclate à
chaque ligne, dans la lettre qui sert d'introduction à
ce travail. — On s'était montré jadis bien moins scru-
puleux à son égard, à propos de son Traité des
bains de mer, le seul de ses ouvrages peut-être qui
soit venu à son heure.

Qu'il ait cru un moment, et en cela je suis presque
certain de ne pas me tromper, que,

A moins d'un fort volume, on compose sans gloire,

Le Cœur, en écrivant ce livre dont on a trop fait

ressortir les imperfections sans songer à en faire apprécier les qualités, a creusé le sillon où sont entrés après lui une foule d'auteurs trop peu soucieux, en vérité, de citer son nom. Cet ouvrage, en effet, entièrement neuf, résultat de huit années de recherches, a, en quelque sorte, servi de base à tout ce qui a été publié depuis sur le même sujet. — Qui s'en doute aujourd'hui ? C'est que Le Cœur, en ouvrant la voie, n'avait pas le genre de talent nécessaire pour la parcourir. Il ne savait pas être instructif et léger avec mesure, et, en voulant mélanger l'*utile dulci* dans ce gros traité, — trop gros d'un volume, — il est tombé dans des minuties, dans des détails infinis, ayant un but réel, j'en conviens, mais présentés sous une forme trop sérieuse pour plaire, trop plaisante pour instruire.

Quoi qu'il en soit, son bagage scientifique est assez riche pour fonder une réputation qui eût été plus grande si, peut-être, elle eût été moins recherchée. Et, ici, nous entrons de plain-pied dans une des ombres les plus épaisses de notre tableau. Je sais bien qu'il est pénible, quand on a sacrifié sa vie et sa fortune pour devenir savant et habile, quand on a médité longuement sur les livres ou dans les hôpitaux, les points les plus difficiles de son art, quand on les a étudiés comme Le Cœur, douze et quatorze heures par jour, il est pénible de voir que

..... steriles dominantur avenæ.

Mais qu'y faire, sinon répéter, avec Huxham, « qu'une grande célébrité est souvent moins l'éloge « du médecin que la satire du public ?

Malheureusement, Le Cœur ne pouvait s'y résigner, et si son caractère était assez bien trempé pour sortir victorieux d'une lutte entre le devoir et l'intérêt, il oubliait trop facilement la maxime stoïcienne et chrétienne : « Fais ce que dois, advienne que pourra », qui, si jamais elle est d'application rigoureuse, l'est surtout dans l'œuvre du médecin, — œuvre essentiellement et profondément occulte et inaccessible à l'intelligence du vulgaire, — alors que, pour comble de fatalité, ceux-là seuls qui peuvent la juger sont le plus souvent intéressés à la déprécier.

Or, en faisant et en faisant largement ce qu'il devait, il voulait qu'on le sût, qu'on le répétât, et trop volontiers il se rendait le complaisant écho des bruits flatteurs qu'il était heureux de provoquer. Il eût aimé à pouvoir dire, avec un noble amour-propre :

Je ne dois qu'à moi seul toute ma renommée.

Mais, comme elle venait trop lentement à son gré, il poussait à la roue du triomphateur et se faisait son propre *laudator* ; et cela sans le moindre embarras, tant la chose lui semblait naturelle, croyant même bien faire, parce qu'il le faisait franchement. Ce fut la passion dominante de sa vie scientifique : il eut le tort de ne pas savoir attendre, et toujours poussé par cette impatience fiévreuse de la célébrité qui fut un des plus cruels tourments de sa vie, il ne voulut jamais comprendre que si :

...Un noble esprit peut, sans honte et sans crime,
Tirer de son travail un tribut légitime,

c'est à la condition, argent ou gloire, de ne jamais
paraître le mendier.

Je dis paraître, Messieurs, car s'il poursuivit à
outrance la réalisation de son rêve, Le Cœur n'y
sacrifia jamais sa dignité professionnelle. Tout au
plus dirai-je qu'il fut maladroit et qu'inhabile dans
l'art du savoir-faire, il s'exposa, non-seulement à
compromettre inutilement sa réputation de savant
honnête, mais encore à perdre le fruit de ses efforts.
En effet, il répétait à tous ses travaux, ses recherches, ses trouvailles, tant et si bien que, le jour où
il venait à les publier, c'étaient pour ses confrères
des choses connues, souvent mises à profit par eux
dans l'intérêt des malades; et comme ses publications
ne paraissaient qu'à propos d'un article de journal
ou d'une brochure qui avait donné l'éveil, Le Cœur
n'était pour beaucoup qu'un plagiaire, — ou si vous
préférez, un ouvrier toujours en retard ; — quand, de
fait, il était depuis longtemps, sur la route, l'un des
éclaireurs les plus avancés.

En revanche, et cela n'a rien d'étonnant, Le Cœur
avait obtenu au loin ce qu'on lui refusait peut-être
trop dans son pays, la réputation d'auteur. Membre
d'une foule de Sociétés savantes, en correspondance
fréquente avec les illustrations de Paris et de la
province, son nom jouissait au dehors d'une consi-
dération que les nombreuses lettres reçues depuis
sa mort suffiraient à établir, si déjà elle ne m'eût été
révélée par la lecture de celles, non moins louan-
geuses, qui pendant sa vie chatouillaient agréable-
ment sa manie favorite. Mais, ce que personne ne
contestera, c'est que, même dans sa cité, Le Cœur

était, comme médecin, une autorité respectable et respectée. Et cela, il le devait non-seulement à son instruction solide, mais encore à sa stricte observation des convenances à l'égard de ses confrères. Aussi, mieux que tout autre, pouvait-il à la rentrée des Facultés, le 15 novembre 1856, prendre pour sujet de son discours : — les Devoirs du médecin, — qu'il résume en ces mots : investigation perpétuelle du savant ; étude méditée des notions acquises par lui ; application de la science médicale au profit de la santé générale.

Laissez-moi vous lire les quelques phrases qui le terminent : « Voilà, Messieurs, disait-il, les principaux traits que présente le tableau de la médecine civile. Elle n'est pas exempte, comme on le voit, d'amertumes et de vicissitudes. Il serait aisé néanmoins de les supporter, si les médecins, unis comme autrefois par un noble but et les aspirations d'une mission élevée, pouvaient, corporation intelligente et compacte, laisser à leurs pieds les sottes tracasseries d'un maladroit égoïsme. Pour cela, il faudrait que l'émulation confraternelle ne dégénérât pas en une rivalité jalouse, que le savoir-faire ne fût plus rémunéré à l'égal et au-dessus du savoir. Il faudrait surtout, si ce n'est pas rêver l'impossible, que l'on eût le courage de répudier, une bonne fois, autant cet esprit d'isolement absolu que celui de camaraderie oppressive, si bien ridiculisée par Molière et qui semble avoir adopté pour devise :

Et nul n'aura d'esprit, hors nous et nos amis. »

Et, joignant l'exemple au précepte, toujours digne,

probe , loyal avec ses confrères , Le Cœur, ainsi que
le recommande Hufland , estimait dans un vieux
praticien la maturité de l'expérience , l'étendue des
connaissances, le tact pratique.... Mais il honorait,
dans ses jeunes confrères. la fraicheur et la pureté
du coup-d'œil, les idées nouvelles, l'avidité de savoir,
l'éducation théorique , leur faisant cordialement re-
marquer leurs fautes dans l'intimité , les excusant et
les couvrant aux yeux du public. Aussi, M. Delangle,
au nom de la Société de médecine de Caen , a-t-il
eu raison de dire sur la tombe de Le Cœur :« Ses re-
lations avec nous ont été constamment courtoises, et
elles étaient d'autant plus agréables qu'il possédait
de grandes qualités de cœur et d'esprit. »

Comme chirurgien, Le Cœur était devenu l'un des
hommes les plus connus de notre pays, et, s'il n'était
pas le plus souvent choisi pour agir, on peut affirmer
que peu de gens se laissaient opérer avant de l'avoir
consulté. Il avait, en effet, deux qualités essentielles :
un grand tact pour le diagnostic , une habileté pro-
digieuse pour les grands pansements. Ce qui lui
manquait, c'était un peu de cette dextérité de la
main,—don de la nature, quelquefois le fruit de
l'habitude, sans laquelle, point d'opérateur,—mais
qui, hâtons-nous de le dire, ne constitue pas le vrai
chirurgien. Or, en maniant adroitement le bistouri,
en faisant avec science et méthode les opérations
les plus délicates ou les plus sanglantes, Le Cœur
n'était pas brillant. Le — *sat bene*, si *sat cito* —n'était
point son précepte, et je suis loin de l'en blâmer ;
toutefois, j'aurais aimé à le voir un peu plus maitre
de lui, imposer la confiance au patient et aux élèves,

par son sang-froid, plutôt que par l'étalage, un peu futile, d'un riche arsenal tout préparé à l'avance pour parer aux accidents les plus improbables.

Triste résultat encore du genre d'esprit que je vous signalais tout-à-l'heure ! Appelé à remplacer à l'Hôpital, un maître à la main ferme, adroite et jamais tremblante, que rien ne trouble, que rien n'émeut, il redoutait la comparaison et, chirurgien de passage, pour ainsi dire, escorté d'aides qu'il connaissait à peine, il s'occupait toujours du — qu'en dira-t-on, — et l'idée, non de moins bien faire, mais de le paraître, paralysait, en partie, une habileté réelle qu'il ne retrouvait que dans sa clientèle privée, entouré de quelques confrères sympathiques.

En revanche, avec quel soin méticuleux, avec quelle patience infinie, il procédait aux mille détails du pansement, surveillant tout, prévoyant tout, avec une abnégation complète de son temps et de la fatigue ! Cela rentrait, du reste, dans son caractère. En effet, si une chose est indiscutable en lui, c'est son dévouement, — à toute heure, partout, toujours, — et grâce auquel, par exemple, il a pu, par la rapidité même des secours, et aussi par la persévérance des soins, rappeler à la vie 23 noyés sur 53, auprès desquels il a été appelé.

Mais, Messieurs, il est un dévouement moins connu, plus facile sans doute, mais non moins honorable que je dois relever à l'éloge de Le Cœur. Je ne parle pas de celui que l'homme de bien trouve toujours au fond de sa bourse et qui, par exemple, lui faisait chaque année envoyer à l'hôpital St-Louis une masse considérable de jouets, pour les étrennes des pauvres enfants trouvés qu'on y élève. — Charitable et délicate pensée, n'est-il pas vrai, pour un bourru bienfaisant auquel on était en droit de dire : « Le plus difficile est de donner, que coûte-t-il d'ajouter un sourire, » mais dont les derniers mots ont été pour encourager les nobles habitudes des siens, en leur recommandant de faire du bien, beaucoup de bien.

Non, je veux parler de ce dévouement intelligent qui s'associe aussi largement que possible à ce qui est profitable à l'humanité sous quelque forme que ce soit. Habitués à le voir toujours en tête des souscriptions publiques, peu de gens savent, et cela parce qu'il ne s'en vantait pas, qu'il ne se fondait pas une institution utile au pays, utile à sa ville, qu'aussitôt une riche offrande vînt discrètement de sa part encourager cette œuvre. — Il ne m'est permis de les nommer! Mais vous aviez bien raison, Monsieur le Recteur, de le dire sur le seuil du caveau mortuaire : « Lorsqu'un homme a dévoué sa vie à ses semblables et qu'il leur est ravi par la mort, il est juste que des voix sympathiques s'élèvent et qu'elles saluent d'un adieu suprême celui qui a disparu. »

Un mot encore et j'ai fini, car je ne vous dirai rien de sa vie privée. Lorsqu'un homme s'est consacré tout entier aux actives méditations de la science, sa biographie ne puise-t-elle pas son plus vif intérêt dans l'exposé fidèle des travaux qui ont fait ses joies, ses tourments et sa réputation ? — Il ne me reste qu'à vous parler du professeur qui sut s'attacher ses élèves et mériter leur respectueuse gratitude. Sa parole claire et facile rendait intéressantes des leçons que l'aridité même du sujet empêchait d'être brillantes. Il s'était assimilé cet enseignement spécial par de longues et patientes études, et, condensant autant que possible le résultat de ses recherches, il nous en donnait la partie réellement utile, habile à faire sortir d'un cours de matière médicale quelques-unes de ces grandes idées thérapeutiques qui en découlent, ou mieux qui la dominent, mais que les exigences d'un enseignement secondaire ne lui permettaient que trop rarement de développer à sa guise.

Ce fut dans l'exercice de ce professorat que vinrent le surprendre les premiers symptômes du mal qui devait l'emporter. Dès 1864, il avait été forcé de se faire remplacer à plusieurs reprises par un de nos jeunes suppléants, — le docteur Chancerel, — que son zèle, pendant le choléra de cette année, vient de faire nommer officier de l'instruction publique. L'été dernier, malgré des souffrances de plus en plus vives, il voulut le recommencer, et en dépit de tous, il le poursuivit jusqu'à la fin. — Le 15 août, il me fit appeler. Malade depuis longtemps d'un rétrécissement auriculo-ventriculaire, avec dilatation bronchique du côté gauche, il était menacé d'une péricardite assez intense. Quelques jours après, et à peine remis de cette complication, il se fit porter à l'École pour assister aux examens. C'est à la sortie d'une de ces séances qu'il prit le lit, pour ne pas le quitter.

Je me trompe, Messieurs, car il le quitta vite pour rester six longs mois étendu sur un fauteuil. Presque mourant à la fin de novembre, il vit, sans grande émotion, son décès annoncé par des journaux mal informés et s'en consola en lisant les articles flatteurs qui accompagnaient cette fatale erreur. Une amélioration très-sensible se manifesta bientôt du côté du cœur, et le docteur Rouland, — son ami et son collègue—avec moi, nous espérâmes quelque temps pouvoir prolonger son existence. Mais une infiltration des membres inférieurs, suivie bientôt d'escharres profondes, vint augmenter ses souffrances et diminuer ses forces, sans altérer son amour de la science. M. Le Prestre vous le disait sur sa tombe : « Pendant sa longue et cruelle maladie, alors que sa poitrine oppressée laissait à peine les fonctions pulmonaires s'exécuter, il causait avec ses amis, avec nous ses collègues, des sujets qu'il préférait dans notre art. Il nous entretenait de ses espérances, des progrès de la médecine et parfois aussi des déceptions qu'elle entraîne. »

C'est sous cette influence dernière que, péniblement affecté de l'injustice des hommes, blessé dans ses espérances les plus chères, il renonça à la joie qu'il se faisait depuis longtemps de laisser son nom parmi les bienfaiteurs de la cité et de notre École, en leur léguant sa riche bibliothèque, ses collections de matière médicale, ses nombreux appareils et son magnifique arsenal chirurgical. Tout était fini pour lui en ce monde, et, profondément attristé de cette renonciation douloureuse,—mais volontaire et réfléchie—à l'un de ses vœux les plus ardents, celui de se survivre à lui-même par ses bienfaits, il défendit de rien donner de ses trésors, abandonnant aux siens le plaisir d'y laisser puiser ceux de ses amis qu'il nomma. Et c'est grâce à cette faveur que je puis vous donner la liste exacte des Sociétés savantes dont il faisait partie et des récompenses qui lui avaient été décernées.

Titulaire de 16 médailles — dont 2 en or, — 11 en argent, — et 3 en bronze, il en devait 5 à des concours scientifiques , — 9 à ses rapports de vaccine et d'épidémie, — 2 à ses actes de dévouement.

Membre de cette Académie , de la Société de Médecine de Caen , de la Société d'Agriculture de notre ville et de l'Association normande, — lauréat des Sociétés impériales de Médecine de Toulouse , de Marseille, de Nice et de la Société protectrice des animaux, il était membre correspondant — de l'Académie impériale de Toulouse et de Reims , — de la Société de Médecine et de Chirurgie pratiques de Montpellier, — des Sociétés de Médecine de Lyon, de Nîmes, d'Angers, de Rouen, de St-Étienne et d'Alger, — des Sociétés médicales de La Rochelle , des Alpes-Maritimes, d'Indre-et-Loire, de la Moselle et d'Amiens, — de la Société d'Agriculture, Sciences, Belles-Lettres et Arts d'Orléans, de l'Eure et de la Sarthe, — de la Société de Médecine et Pharmacie de la Haute-Vienne, — et enfin , sauf oubli probable de ma part, de la Société centrale de Médecine du département du Nord.

Telle est l'histoire , Messieurs, de celui que, le 26 février, vous avez conduit à sa dernière demeure. Il avait à peine 58 ans. Je ne vous rappellerai pas la pompe de ses funérailles , où médecins , professeurs, savants, administrateurs s'étaient donné rendez-vous. L'affluence était considérable et dans la foule qui l'accompagna jusqu'au cimetière St-Pierre , plus d'un obligé suivait tristement le corps d'un généreux protecteur. A l'entrée du caveau de famille où ses

restes mortels allaient être déposés, trois discours
furent prononcés — par M. Théry, recteur de l'Académie, — par M. Le Prestre, au nom de l'École, — et
par M. Delangle, au nom de la Société de Médecine
de Caen.—Pourquoi aucun des élèves qu'il avait tant
aimés n'a-t-il songé à lui adresser un dernier adieu ?...
Je ne veux pas le savoir ! Mais à leur place je dirai,
de mon ancien maître : Heureux l'homme qui, voyant
arriver ce moment suprême que rien ne peut éloi-
gner, trouve dans le fond de son âme, dans la conscience de ses œuvres, dans le souvenir des services
qu'il a rendus, dans les heureux qu'il a faits, la
force de s'élever avec calme vers une existence nou-
velle !

Caen, typ. F. Le Blanc-Hardel.